Valery Zadko

Dejemos Las Sabias Cosas Como Están

❖

Lava Shop LLC

Dejemos Las Sabias Cosas Como Están
Diseño de portada: Vicente Zadko
@ Lava Shop LLC.

Queridos lectores,

Soy Valery Zadko, un poeta ucraniano que escribe en cinco idiomas: Español, Portugués, Inglés, Francés, Italiano, Ruso.

Con profunda emoción les doy la bienvenida a este humilde libro de poemas, titulado "Dejemos las sabias cosas como están...". Este proyecto es el reflejo de años de pensamientos, sentimientos y momentos capturados en palabras. Cada verso nace de la búsqueda de sentido en las pequeñas maravillas de la vida y del deseo de compartir mi visión con todos ustedes.

Quiero aprovechar este espacio para expresar mi más sincera gratitud a mi familia, quienes han sido la luz en los días oscuros y la fuerza detrás de cada palabra escrita. A mi amada esposa Natalia, por su infinita paciencia, comprensión y amor incondicional; tú has sido mi roca, mi musa y mi mayor inspiración. A mi querido hijo Vicente, por su apoyo constante y su fe en mí incluso en los momentos más difíciles; tu entusiasmo me ha dado la valentía para continuar.

Esta obra no habría sido posible sin ellos, mi única verdadera base y apoyo en este camino. A ellos dedico este libro, y a ustedes, mis lectores, lo entrego con la esperanza de que cada poema resuene en su corazón y les invite a reflexionar, soñar y sentir.

Gracias por permitirme compartir con ustedes un pedazo de mi alma.

Con aprecio y gratitude,
Valery Zadko

Dejemos las sabias cosas como están...

(del álbum "Lírica del Siglo Sin Luces")

Cuando se cruzan dos intrépidos ríos
En la estepa del Este, libre, fluorescente
Dejemos las cosas como están...
Cuando se cruzan dos cartas, dos no casuales envíos
En el correo celeste, que guarda divino cartero decente:
Dejemos las cosas como están!
Se cruzan los sobres predestinados, con estampillas fogaces
Fluyendo dos almas perdidas a un inventado lejano lugar
Dejemos las sabias cosas como están...
No habrá vencedores, ni perdedores varados en guerras y paces
Tan sólo dos palmas en pláticas atrevidas,
por almas unidas hacer despegar...
Dejemos las sabias cosas como están.

mayo 2020, Punta del Este, Uruguay

¿A quién culpar si es así la Vida?

(del álbum "Lírica triste del Siglo Sin Luces")

Tú crees que existe culpa o un fatal error
En cumplimiento de misión de lluvia inesperada?
Tambores de las gotas (¡qué pasión!), la frustración aún pesada
Que las mañanas viste en su triste resplandor...
Que pinta otros chances en cuadros del pasado
Sin palpitar envidia a pura diferencia o presenciar asombros
Por no tener un pase, una indulgencia en sociedad de cobros
Que veta los romances, dulzura de pecados...
Los ríos de minutos nos llevan balsas precavidas,
Puentes de autoestima, las escaleras a la ciudad celeste
Encaminando cauces a soledad vecina en época de delicada peste
Donde felicidad está en luto? a quien culpar que es así la Vida?

mayo 2020, Punta del Este, Uruguay

Desde mis inhóspitas rejas acierto: ¡te quiero!

(del álbum "Poesía Lírica del Siglo Sin Luces")

Desde mis inhóspitas rejas acierto: ¡te quiero!
Desde egipcios labirintos, del llanto de Nilo, de cauce fluvial,
Agónicas noches, los viles instintos (¡qué término vago, superficial!)
Desde sonetos de mis hondos insomnios:
conciertos de mi encierro...
¡Desde mi virtual mazmorra yo gimo que te extraño!
Hasta sentir el seductivo velório de fiordos románticos desaparecer.
Es luto obligatorio que extravía (¿tal vez, extirpa?)
a tu manera de ser?
A la distancia que horas de penas ahorra
de un involuntario ermitaño...

abril 2020, Punta del Este, Uruguay

Cuba: Era un espléndido Mayo..

(del álbum "Lírica del pesimismo del Siglo Sin Luces")

Era un tropical espléndido Mayo...
Sí, mi amor, no me equivoco!
Otra dulzura, de algún otro delirio
Y hasta otro ajeno criterio..
Arroz y papas con mayo:
De un programa de vida,
tan loco!
Palmeras y playa, niñero idilio
Para dos almas, unidas en serio..
Era penúltimo mes
Si la memoria aún no me falla?
En la carrera inútil por las pérdidas subsistir
Por preservar hechizado amor, tal vez rechazado..
En el acuario de un solitario pez,
En su cárcel del alba, deseos en férreas mallas
Para unir los minutos de dicha y los revivir

Del nuestro común, más bien dividido pasado...
Era tal vez un segundo, del otro tan ruidoso milenio:
Pues, el Dios, Universo no gruñe ni mofa!
En pobres intentos de resurgir la feliz oleada
De chispas divinas, catarsis en pequeñeces y quejas..
Dejando atrás divisiones, las riñas, mal genio
El cantar a la dicha cubana no cabe en una estrofa!
Como no cabe la inmensa tristeza en tu enigma-mirada:
La estoy reviviendo en mi hermética celda, tocando con palmas las simbólicas rejas...

mayo 2020, La Habana - Punta del Este, Uruguay

La despedida: bajo paraguas de la noche, llorando.

(del álbum "Lírica triste del Siglo Sin Luces")

Al insertar en el peor caracol y labirinto,
Sin los perones ver, en el esfumoso recinto...
Bajo paraguas de la noche, llorando
Con lluvias a dos paralelos, elaborando...
Con los certámenes construyendo los mismos pretextos
Esta noche de despedida... De sombras, de aleluyas rectas...
Esta gorra sin los plumajes, pues, la nobleza, ¡fuera!
El Tiempo achica, el tren que ronca, de color de olivo en salmuera.
Corren segundos, como pulsos de la era hidráulica:
Escuchamos latidos, mas salen los pitos, de escritura arábica.
Se nos cubre el viejo farol, su luz cuenta huídos fotones
Los dedos tan fríos, los besos helados y manos que buscan botones.
¿Regresas? No sé... mañana quizás, si amanece...
El cielo en puras grietas, a sus empanadas de aros nubosos, mece.
Abrazos que rompen almas, murmullos muerden labios:
Oídos se tapan, una sordera, entre socorros y cambios.
¿La vida es corta? No sé... Lo pregunto a mi Ángel, mañana...
En otros jardines, entre higueras y avellanas.
En otras histórias, donde no haya los negros perones,
Ni trenes de despedidas, locomotoras, vagones.
Donde funciona el reloj con sus manillas estúpidas, más poco tercas
Donde estaremos eternamente, los dos, sin pitos, sin finales alertas

mayo 2019, Santiago de Chile

La única meta: ¡qué seas feliz!

(del álbum "Lírica del Siglo Sin Luces")

La única meta:
¡Que seas feliz! ...
Segura, sin mayor objetivo...
¿Ternura será el secreto motivo?

O alguna otra, más fina, matiz
Para futura preciosa receta.
Felicidad que está atrapada
En cartas, en bosque del aire...

¡Respira!, escucha, entonces, las frondas
Y gira, tu amuleto de aros a rondas,
Rosario del viejo y sabio fraile
Quien ora por ti, en lejana morada.

La nube verá algunas fracciones

¡Los vientos que hacen historias!
Asustan las rocas, mueven los mares
Nos gustan: son erráticos familiares

Porque engendran nuevas euforias
Regalos y lagos de las ilusiones...
La Vida que otra vez se permuta
A islas lejanas, perdidas en playas

Buscando y... ¡No encontrando huellas!
De mi... Regresando, imágenes bellas
Regalarán chocolates y torta con bayas,
Las dulces señales de próximas rutas...

mayo 2020, Punta del Este, Uruguay

Me visitan mis recuerdos...

(del álbum "Lírica del pesimismo del Siglo Sin Luces")

Centenares, hasta miles de veces
Me visitan mis recuerdos... Son severos jueces
Del pasado nuestro extraño, dulceagrio y de mieles penoso
Que hoy día se viste, empero, en cómodo traje, maravilloso...
En un voluntario drama del todavía borroso futuro
Que el día presente nos cose, construye,
erguiendo un enigmático muro
Entre años por ambos sufridos, mas, de almas aún compatibles
Y los pasos de este presente, a veces incorregibles...
Y la terquedad de juzgados que podrían jugar impredecibles finales
Con nuestro extraño pasado, y sus decisiones, extrapolares...

mayo 2020, Punta del Este, Uruguay

Para sellar las paces..

(del álbum "Lírica del Siglo Sin Luces")

¡Te propongo paces!
Besos, audaces..
Chocolates, moras:
Caminatas, gorras..
Bosque con ardillas, -
Los picnics, con las sillas
Entre pinturas listas
De los impresionistas.
En los parques frescos
Pintando arabescos!
Del amor, con flores,
De múltiples colores...
Nos ofrecen chances,
De sentir romances!,
Flirtear con ganas,
Y olvidar las canas..
Y seguir contando
Las vidas.. Caminando
Para sellar las paces
Con besos, audaces.

mayo 2020, Punta del Este, Uruguay

Palabras mías es una débil arma...

(del álbum "Poesía del Siglo Sin Luces")

Mi arma es mi palabra, pronunciada o escondida:
Elogio es de un Alhambra, de la expresión es una herida.
Palabras mías, a veces son roncas, u ofendidas, tal vez estresadas...
Al absorber el dolor son esponjas, de las distancias, desigualadas.
Palabras mías no reconocen perdón, son escuderos del egoísmo...
De las frialdades es un nevazon, de las limosnas, sin altruismo.
Granizan el mármol de los monumentos,
historias de malicioso uso...
Los caminos se pierden en arrepientos, a las traiciones excusan.
Y no reflejan el otoñal del alma, estas tempranas fresas...
Palabras mías es una débil arma, sin fríos nevazones de las promesas.

mayo 2018, Santiago de Chile

**Reflexión: pasando puente entre el pasado y el futuro...
Un frágil puentecillo entre los aterrados abismos...**
(del álbum "Poesía del Siglo Sin Luces")

Un frágil puentecillo
Entre los aterrados abismos:
A la derecha jalea la niebla,
Los montes, se forman en un cepillo
Abrazan el lado izquierdo... Pura carisma
De bien olvidada tiniebla...
El paso es el único
Entre el Mal y el Bien:
A la derecha se pierden fieles amigos...
Los montes, jueces, ponen las túnicas:
Los roedores pecados, de uno a cien...
Los absueltos futuros se escasean, en migas...
El puentecillo, cruje, se ondulea
Con viento amenazante, de perfil rabioso:
De la izquierda aclama con abusivas memorias...
Tu paso es firme, contra la vida es la marea
En contra del destino contrario y celoso
Se arrastran futuras glorias.
Se prohíbe el loco correr
Por el caminito mohoso del tiempo,
Entre mandíbulas férreas del eterno espacio...
Los ojos rojizos, se niegan prever:
Se sudan pecados, se parcha el doble aliento
Y las fuerzas te abandonan, despacio...
¡No es aventura feliz y ligera!

Este corto camino por el estrecho puente:
Entre el mar de tinieblas y el paraíso,
Entre errores pasados y buenas maneras,
En búsqueda de los ángeles entre la gente
Denegando los bosques, venerando praderas...
Cada alma conciente prepara
Su camino futuro por sobre el avalonico río,
Construyendo puente de las oraciones:
Lloran caídas de Iguazú, o de la Niagara
Sólo piden a Dios de llegar, no caer al vacío!
Alcanzar la orilla pacífica, por tan frágiles años en escalones...

febrero 2019, Santiago de Chile

Reflexión_sentado, frustrado en un bar

Trayectoria de luz parabólica

(del álbum "Poesía del Siglo Sin Luces")

Figuras
Bailables,
En mi tez, la hipotermia...
Llanuras
Estables
En tus ojos, la misma soberbia...
Asombro,
Rechazo,
Un erizo, la ira andante...
Escombro
Linchazo
Y un hechizo, escalofriante...
Delirio,
Fiebre,
Sin luz, trayectoria parabólica:
Voz de un simio
En la niebla
Un bus, en visión alcohólica.
Migajas,
Caídas de torta
Tu veloz caminar, entre mesas
¡Carajo!

De nuevo una escolta
Para invitar a una princesa…
Me rechaza,
Me odia
Por muchos vasos, de vino
¿Qué pasa?
Suena rapsodia
En tus atrasos que ya adivino.
Te siento,
Te fallo,
En este bar, de humillar delirante.
No miento
Yo me desmayo
De tu andar, tus perfumados guantes.
No me atrevo
No razoneo
Solo gloto las copas, delirios
Quizá acarreo
Quizá veraneo
Soy un piloto, en mundos de simios…

mayo 2019, Santiago de Chile

Reflexión: sobre el amor en los tiempos de peste...

Reflexión: sobre el pasado, presente...

(del álbum "Poesía del Siglo Sin Luces"

Siembro ideas
De finísimos granos... De fértiles avaricias...
Sequía lame mis manos! oh, apostólica injusticia (!)
De loas, tan feas...
Gasto sudores...
En las doradas gotas. Amargas, sí, ¡de diurética sal!
Lodo sigue cubriendo mis botas, podando estoy el parral
De ingratos amores...
Firmo papeles
De cifras negras, y fanfarronas ... Afiches, en ajena pared...
Memorias de tiernas leonas, como un pez en la red
De promesas y mieles.
Esquivo a mi soledad...
De años de continua frustración... Las agonías en sierva zapatería
Que pide una apelación, mas, ¿quién (?) la concedería?
La paz interna evita verdad...

marzo 2020, Madrid - Santiago de Chile

Reflexión: sobre la Vida de uno...

Nacido, vivido, muerto...

(del álbum "Poesía del Siglo Sin Luces")

Nacido, vivido, muerto...
Una historia corta,
Mas cierta...
Ingenuo, engañado, sabio:
Una historia larga...
Mas, da rabia...
Fiel, razonable, indiferente:
Una historia triste
De una perdida mente...
Subtil, fuerte, plegado
Una historia más que normal
De un fracasado...
Indeciso, vago, creyente:
La historia que tiene futuro
Constituyente...

marzo 2019, Santiago de Chile

Reflexión: sobre las riñas y peleas...

(del álbum "Poesía del Siglo Sin Luces")

Surge de nada
Y a nada se va...
El amargo humor, la palabra, de áspera gota,
Una sola mirada
Su dulzura, su baklava...
Significa batalla, no reconoce derrota...
Surgen rayos de voz,
Auscultan paciencia...
Esta rara amiga que no quiere su rol dominar...
Un reproche veloz,
Una deuda ante la ciencia
De las riñas antorchas que debieras de controlar...
Las palabras, son flechas
Que no hieren, sino humillan...
Son arqueros antaños, destructores de la lógica paz...
Las defensas, bien hechas,
Mis sonrisas que brillan
Quedarán auténticas formas de frenar la tormenta voraz...
No me rindo, ni quemo
Los puentes de lana...
¡No destruyo castillos, construidos en hielo polar!
Sonriendo, yo solo remo
Mis labios apretados, de porcelana
La defensa civil que prepara las primeras batallas a dar...

enero 2019, Santiago de Chile

Reflexiones: de cómo vivir sin ti...

(del álbum "Lírica del Siglo Sin Luces")

Donde la Luna lima su brillante hoz...

En mi mundo de la triste soledad
Igual estás tú, aquí presente
En la puerta pararás, mas, sin entrar...
Al viejo ferry entrarás, sin me mirar:
Campana eres de ermita, ausente
¿Estás allí, conciencia en felicidad?

En mi hermético perimetro
Al borde de quebrada abrasiva
En medio de dos caminos tú estás
Entre botellas de los vinos vivirás
En luz de la mañana gris y abusiva
Que a estética limita con parquímetro.

Estás presente en mi subcultura
Los ídolos noscivos del rechazo
No saben que la Divinidad existe todavía
En festivales de la hermandad y en perder tranvia
En apreciar un sólo beso, un abrazo
En derretar el mármol en las esculturas.

Estás presente en mi último rincón
En un adiós patriarcal, severo
En el puente de suspiros, veneciano
¡La góndola me hace giros, ya en vano!
Yo muchos siglos por tu voz espero
Y desde montes te resguardo, como un halcón...

¡El mundo de mi soledad es para dos!
Se me quemaron velas y plegarias
El mar de la tranquilidad abandonó orillas
Al esperarte yo perdí edad, y las costillas
En mundo laico de podas necesarias
Donde la Luna lima su brillante hoz...

agosto 2019, Santiago de Chile

Reflexiones: en una mañana triste, otoñal

Mientras la mañana reza ante la ventana-ícono...

(del álbum "Lírica del Siglo Sin Luces")

En el paisaje de la formal ventana, doble,
Otoñal... Con lluvia tan fina que allí dispersa
La señal, de soledad canina e inversa...
Pagando un peaje para disfrutar lo noble
En el sentir del nervio en una espiral
De altibajos, de la distancia que come estos años
De los ajís y ajos... En la lactancia poética, en los discretos paños
Que cubren al desconocido avenir a esta hora matinal...
Al ritmo que la cardiología mía involucra
¿Tú sentirás mi pulso? Desde tu lejano caracol
Verás cómo mi té endulzo con un rayito del tardío Sol
Y te invito a repartir conmigo un sentimiento matinal que lucra
De mi tristeza... El otoño afuera llora sin flirteo,
Las nubes amenazan en su ingenuo mover:
Tú a mi mente de nuevo subes, y la adueñas, sin querer
Mientras la mañana reza ante la ventana-icono en donde yo tu cara veo...

junio 2020, Punta del Este, Uruguay

Reflexiones: qué es sentirse poeta…

Tratando a su vida extraña rimar…

(del álbum "Lírica del Siglo Sin Luces")

Sentirse poeta…
Piel quemada regenerar
O arrastrar por arbustos del género clásico…
Serpiente, que lia sustos, empíricos, básicos
De erróneos ídolos a venerar,
De doble faceta…
Sentirse amargo,
Sudor laborioso arremeter
Perdiendo timón de un barco hundiendo en vaso…
Imaginar océanos en pozos, en charcos, de lluvias en retraso,
Los violines en notas verter
Con Ángel a cargo…
Quedarse perplejo…
Granito de los olvidos limar
Puliendo las artes del amor abnegado al frío vacío
En gotas de tinta recuperando lo fracasado en un soneto tardío,
Tratar a su vida extraña rimar
En verso añejo…

abril 2020, Punta del Este, Uruguay

Reflexiones: una ermita quiero construir...

(del álbum "Filosofía del Siglo Sin Luces")

En búsqueda de las fuertes piedras
De códigos ladrillos, de tierno arenoso barro
Sigo... ¡Es un imprescindible material de construcción de mi ermita!
Un templo módico y provincial que una soledad
en calma absoluta necesita:
Sin brillos, sin un pretencioso despilfarro
De las fuerzas del espíritu, en hiedras...
¡Un quieto ánimo en el feliz recinto procurar!
En sanos bosques, en los vedados que ya desaparecen
Del mapa de humanos, con la vuelta de memorias del Medioevo...
Con cánticos a bellas ranas,
un maratón a un Olimpo oficial, longevo
El sobrealimento de las almas con prédicas heladas
que al hambre enriquecen
.. Me he perdido en este laberinto: ¡yo anhelo escapar!
¡Deseo construir una ermita, muy en mi adentro!
Para guardar allí los restos del tesoro,
que se llamaba el libre albedrío
Con las nociones de la honra, fe,
palabras que prometen cumplimiento...
Enrodarme con el bucólico paisaje para pastar las cabras,
tener casita que resista vientos,
En un lugar que odia soborno, negro oro,
que llena con la hermosura al vacío
Y libremente respirar permita...
Dímelo, amor, ¿en dónde me lo encuentro?

junio 2020, Punta del Este, Uruguay

Respuesta: La tengo guardada, la carta...
(el cuadro La doncella que lee la carta, del pintor holandés Jan Vermeer)

(del álbum "Lírica del Siglo Sin Luces")

La tengo adentro guardada,
Prueba de tu lealtad...
La rendición que fue esperada (?)
Aguja en mi soledad...
Y una firme tardanza,
Rocío que cubre estrofa, -
Suposiciones, adivinanzas
Señor Destino que siempre se mofa...
¡Y vierte veneno en ojos!
Camaleón de colores distintos:
En catacumbas de los enojos,
En el bosquejo de los instintos...
En entrelineas de esta carta
Que canta fuerza y roba leña!
De la chimenea, cansada y harta:
Dios sabe que rol desempeña!
¿La guardo o la hago pedazos?
Serpiente muerde las dudas...
Merece entregas, abrazos?
Estatuas enfriadas, desnudas...
Valió la pena rendirse,
Volver al azar de abejas?

Triunfos vivir, expandirse,
¿Medir las celdas y rejas?
La tengo guardada, la carta,
En nubes de mis sentimientos:
Rincones de mi interna Esparta
Que rinde poder a los vientos...

abril 2020, Punta del Este, Uruguay

Respuesta: nuestro extraño amor...

(del álbum "Lírica del Siglo Sin Luces")

Nuestro extraño amor:
Invisible e intocable, en éter de raya,
Mordiscos (¡tan entrañables!), memorias de la playa
En pozo del alma, en su estupor...
En pérdidas de vagos valores,
Estúpidos pero dulces reproches, de sal y limón...
Los días vividos en noches, en tren, en eterno perron
De la despedida, sin besos, sin flores.
Los labios en discusiones
De quién tiene mando en prórrogas del paraíso
Que almas nuestras siguen buscando en el pasado sumiso
En la vorágine de las decisiones...
Dos corazones en única lucha:
En preservar las naranjas, estatus quo del milenio raro y desastroso,
En la soledad de la franja y el delirio que sigue hermoso
Cuando razón de amar a nadie escucha...

abril 2020, Punta del Este, Uruguay

Reza tu mano

(del álbum "Lírica del Siglo Sin Luces")

Entre dos copas del premiado vino,
Reza tu blanca mano...
Dibujo en el pergamino de piel,
Patrón de sutiles venitas, en azulejo...
Alitas... Son de un ángel detrás, en rondo espejo...
Susurro: ¡seré siempre fiel!
Historia del demorado amor, de un pelo cano...
Entre dos copas... Cruel y adverso destino...

febrero 2020, Madrid

Si sueñas conmigo...

(del álbum "Lírica del Siglo Sin Luces")

Si sueñas conmigo, nos vemos, por otro lado:
En la berma del campo de trigo,
por sufrimiento nuestro atravesado..

Si sueñas con mi presencia, nos veremos en jardines pendientes
De la reina Semiramis, en la afluencia de filigranas corrientes..

Allá donde me adueñas en lo versátil de miles de noches más una
Sin molestarnos las cigüeñas en sábanas blancas de joven fortuna..

Allá donde a ti pertenece el mundo,
sin verdes caimanes de otras envidias
Y dónde yo me duermo profundo,
seguro de aplastar la seducción de perfidia..

Sueños que no emiten consejos, ni los veredictos de enanos jueces
Donde ya no importa si estás lejos
y que te despiertas muy raras veces..

mayo 2020, Punta del Este, Uruguay

¿Te pregunto si eres feliz?

(del álbum "Pesimismo romántico del Siglo Sin Luces")

¿Te pregunto si eres feliz?
Después de andar por pinares, por las noches aéreas...
Olvidar de odiosos modales, sus patéticas férreas
Un cigarro al beso adjunto. ¡¡Ay, qué fea matiz!!
De tomarlo en serio, ¿aún me extrañas?
Al quemar las carpetas dañadas, el pasado en un tenebroso futuro...
Te pregunto, entre tus pestañadas, si haya amor más seguro?
Y me encierro en cautiverio, y te devuelvo vividas hazañas.
Al tirarme al aire, y flotando en paracaidas:
Entre el ardor tropical y tu pragmatismo norteño
Yo no quiero pensar en final: soy un niño algo pequeño
Que haría las cosas pasando, sin prever ruinosas salidas...

abril 2020, Barcelona - Punta del Este, Uruguay

Temes hacer, aunque tímido paso...

(del álbum "Lírica pesimista del Siglo Sin Luces")

Temes hacer, aunque tímido paso:
Erronear, persignándose en santa basílica...
La clara de luz hornear en tu carta idílica:
Temes tu corazón ofrecer, entregar tu abrazo...
Temes... Es la sensata honrada belleza
De un carácter que adora pinturas en ideales lienzos:
Las maestrías de babilonica alma mater, ya hipertensas...
Qué temes? ¿A una triste, ingrata sorpresa?
Volver escuchar el feliz musitar, en vedados oídos
De unos sonetos que te parecían quimeras?
Elogios obsoletos, de unas u otras lejanas carreras...
O temes a tu soledad excitar con tus amores ya despedidos?
Temer a abrir una caja, con llaves por la Vida cifradas
Que me esperaban aquellos años en un palomar escondido.
No temas, ya no habrá desengaños, ni un solo alma herida:
La Vida son cartas que la suerte baraja, para parejas que sienten
enamoradas.

junio 2020, Punta del Este, Uruguay

Una dama que soñaba con fama...

(del álbum "Ironías del Siglo Sin Luces")

Sueño de fama...
La cama...
Que arregla una mucama
La ama
La ama
De esta mucama...
Que el vino derrama
Un poco, en cama (!)
Pobre mucama!
La ama
Ya no la ama
A la mucama!
Vuelve en cama,
Sueña con fama,
Un rol, en el drama
Que ingenua dama!
Que cree ser ama
Y no es un drama??

mayo 2020, Madrid - Punta del Este, Uruguay

Urge unión de dos corazones...

Voy adonde mi barco de vida, atar...

(del álbum "Lírica de cuarentena")

Voy adonde tu existir:
Saltando las nubes, montando las olas
Y esquivando delfines, atunes, sirenas de escamosas larguísimas colas
Voy adonde tu mejor afligir...
Voy cruzando bahías tediosas,
Reforzando las velas, dando soplos a hondas y viento:
Llevaré las puestas de sol caramelas, hermosura que te quita aliento...
Voy dejando atrás y sin pena otras perlas valiosas.
¡Voy adonde tu aceptar!
Delegando palabras a albas y pidiendo nuevas promesas a cielos:
Llevaré recuerdos de casas con malvas, en país que es libre de hielos,
Voy adonde mi barco de vida, atar...

marzo 2020, Punta del Este, Uruguay

Y resecar la lágrima caída

(del álbum "Poesía lírica del Siglo Sin Luces")

El Tiempo, falso ermitaño, se nos ha parado...
La lucecita del implacable Sol se tropezó
En una lágrima de tu mejilla, bronceada, tierna...
Un metro, una milla? Los ojos de la sierna
En la manilla del reloj sus germenes pasó
Para sembrar la paz interior que ha varado
Entre carreras por dificultades, que es nuestra vida,
Filmada por ajenos directores, por un guión secreto,
Sin repetir el escenario y sortear, cambiar estúpido elenco trivial..
Paremos (por segundo!) al viejo calendario, tristeza otoñal!
Al recordar momentos de amores, será un dulce reto!
Unir pasado, dividido en mitades, y resecar la lágrima caída..

mayo 2020, Punta del Este, Uruguay

¿¿Ya mi Mantra estaría cansada??

(del álbum "Poesía del Siglo Sin Luces")

Nada de nada
Ya mi Mantra estaría cansada?
Mi Suerte estará fatigada?
Por qué ese nada de nada??...
No resulta, no llega, no pasa,
Mi Destino de nuevo atrasa?
La Desgracia barra, arrasa,
No resulta nada de nada, no pasa...
¿Es la única Carma, fatal?
O, simplemente, una vil Espiral
De mi Vida en carretera vital
O sería la única Carma, fatal??
O habrá una luz, ¿soluciones?
Volarán aguiluchos, halcones...
Volverán los dejados perrones,
De Amores, en las estaciones??
¿Volverán los fuertes abrazos?
Los saludos, favores, de paso
Las sonrisas, alegres vistazos
Volverá Juventud, del letargo retraso??...

diciembre 2018, Santiago de Chile

Reflexión: los animales llenan las ciudades vacías por cuarentenas.

El Mundo ahora es el de los pumas...

(del álbum "Diario de cuarentena del Siglo Sin Razón")

Me sonríe un nocturno puma:
Es libre ahora
De sonreír...
Y callejones a afluir
En horas de una naciente aurora
Las calles de cuarentena que suma
Y resta, la gata confiada,
En cambio bien positivo
En su heroica caza
A las espécies de una raza
De los humanos cobardes en superlativo
Que tanto adoran a su cárcel dorada!
El puma anda, desliza
Por cámaras, y simbólicas rejas
Por la dejada humana conciencia,
Por los errores de ultramarina ciencia
Enciclopedias, libros de quejas
Y sugerencias de dictadura postiza...
Me pestañea la reina:
Cuerpo enérgico, escalón triunfante
Sin miedo a invisibles Reyes!
Desprecia nuevas exóticas leyes
Creadas por gritos en autoparlantes
En parques vacíos que nadie cuida ni peina...

Desliza, como la advertencia
A los gendarmes, ladrones y policías
A los estúpidos toques de queda:
Son paños de seda
Sus pabellones que izan sobre las fantasías!
El mundo ahora es el de los pumas que ya dictaron sentencia...

abril 2020, Punta del Este, Uruguay

Reflexión: ¿cómo deshacerse de mi prima, la Tristeza?

Se viste de princesa, mi prima, la Tristeza...

(del álbum "Lírica del Siglo Sin Razón")

Se viste de real princesa
Mi prima, la Tristeza!
Una mujer gruñona, la
alacrana, la anabolica:
En su falda negra, de tez
simbólica...
En su vestido de rojo,
con el oro:
Collares de Marie-Antoinette
que en secreto yo adoro, -
Una revolución de la
fraudulenta moda...
Un brandy por la noche,
y por el día una soda...
Mi prima es una
cobarde dama,
No aparece sola,
por su mala fama...
Está acompañada por las
circumstancias
Sus pajes, - los dolores, - que
le guardan las distancias.
¡Está de novia con su amigo,
el Destino!
Andando por el borde, al
estrechar camino.
En el momento del feliz botín,
seguro
Está apareciendome de lejos,
saludando, sin apuro...
¡Es muy de moda su visita por
la noche!
Ya utiliza el garaje de mis
sueños para guardar su coche
Se sienta en la cómoda
poltrona cerca de mi cama:
¡Princesa de mi noche, uff...
una odiada dama! ...
¡Sueño con mi libertad, y con
la noche de tristezas liberada!
¡Yo amo alegría, la risa,
la sonrisa me agrada!
Mas... La Tristeza es ya
apoderada, la pariente,
la matrona
Será posible de reconquistar
la fortaleza de mi propia
poltrona??

marzo 2019, Santiago de Chile

Tal vez barajo naipes, es verdad...

(del álbum "Poesía alegórica del Siglo Sin Razón")

Estoy allí, muy cerca, muy adentro:
Sí, por detrás de esta letra me escondo, -
En rulos de la inquietante escritura, en la tinta olorante...
¿Acaso no animas mi corporal figura, mi voz emocionante?
Cuando el bisturí de tu razón penetra a mi sueño hondo,
Al huracán de sentimientos, justo a su centro...
¿Acaso no distingues ironías en mi muy firme abstención?
De responder la búsqueda fatal a los culpables
En pretender probar la lealtad a una bruma del pasado...
Tal vez barajo naipes, es verdad, aunque no tengo joker preparado:
Tratando entender en tu mirada abismal señales amigables
De terminar con los presentimientos y manías y entregar tu mente a la intuición...

mayo 2020, Punta del Este, Uruguay

Tal vez barajo naipes, es verdad...

(del álbum "Poesía alegórica del Siglo Sin Razón")

Estoy allí, muy cerca, muy adentro:
Sí, por detrás de esta letra me escondo, -
En rulos de la inquietante escritura, en la tinta olorante...
¿Acaso no animas mi corporal figura, mi voz emocionante?
Cuando el bisturí de tu razón penetra a mi sueño hondo,
Al huracán de sentimientos, justo a su centro...
¿Acaso no distingues ironías en mi muy firme abstención?
De responder la búsqueda fatal a los culpables
En pretender probar la lealtad a una bruma del pasado...
Tal vez barajo naipes, es verdad, aunque no tengo joker preparado:
Tratando entender en tu mirada abismal señales amigables
De terminar con los presentimientos y manías y entregar
tu mente a la intuición...

mayo 2020, Punta del Este, Uruguay

Reflexión: ¿así será nuestro futuro que se aproxima?

Vaya un lío, amor en vacío...

(del álbum "Diario del pesimismo del Siglo Sin Razón")

¡Vaya un lío!
Amor en vacío,
En máscara fea
Está Dulcinea.
Estéril, el beso:
Ni frutas, ni queso.
Tan sólo sus ojos
En lágrimas, rojos...
Vaya, ¡escena!
La última cena:
Domésticos magos,
Venenos y tragos...
Amor en arriendo:
Tú compras?, ¡yo vendo!
Es frío entierro
Decir "yo te quiero".
Con miedo en boca,
Distancia loca
Nos mata sentidos
É hiere heridos...
Vaya, ¡futuro!
Ni tierno, ni duro:
Guardados los viejos,
El hambre en rejas.
Olores de cloro, -
Un chip es tesoro!

Con toque de queda,
Sin lino, sin seda.
Señal del espacio, -
Tranquilo, despacio!
¡Control de histéricas!
Europa, Américas.
¿Seguimos callados?
En celdas sellados?
Humildes, baratos,
Con perros, con gatos...
¡Vaya, historia!
Es una victoria
De los funcionarios
De pan, de denarios,
Del mal del pagano
Que borra humano!
Amor en vacío:
¡Vaya, un lío!

abril 2020, Punta del Este, Uruguay

En era del olvidado amor en tiempos de peste...

(del álbum "Poesía del Siglo Sin Razón")

Ambiente del Medioevo de hoy
En era del olvidado amor en tiempos de peste,
Estéril, bien lavable olor, la brújula que marca "oeste"
En guantes, de blue corderoy...
Amor a distancias, soñolento,
Saludos por codos cubiertos, humillación de claustrofobia.
La danza de Salomé, con pasos inciertos
por piso baldoso de fobias:
Ningunos héroes de Numancia! ¡sólo esté atento!
Nada tactible, los labios secos,
Los ramos de rosas en ojos, en proyecciones de la pantalla...
Hoy día somos cuerdos, mañana ya locos, dos peces en una malla, -
Fervor invisible, de ideales muñecos.
¡Susurros en prohibición, qué ironía!
¡Las millas hasta balcón de Julieta, pues inverosímil suerte!
La peste no deja huellas. Callados lloran profetas,
no hay caballeros que reten muerte.
En ciencia hay mucha ficción, de acética armonía...
Pero: ¡Los viejos quieren amar, como antes!
Con besos, mordiscos, ¡saliva en su iracunda boca!
Mueren de peste, (¡enrejados mariscos!) por no aceptar la lógica loca
De todo tomar, nunca nada de dar. ¡Y odiando, odiando guantes!

marzo 2020, Punta del Este, Uruguay

Reflexiones: sueños en la butaca del avión...

Atravieso las nubes de la crema vainilla...

(del álbum "Sueños del Siglo Sin Razón")

Atravieso las nubes, de la crema vainilla, rojiza,
Del helado en mitades celestes, del saborizante ruido
De rumores de última peste... Urra, ¡yo he huido!
De locura de matemáticas urbes, con mi tabla y tiza...
Con mi viejo y joven sueño, entre leches y el tierno mugir
De las vacas egipcias, con Semiramis de fiel jardinera,
Con las alas de danzas fenicias, su sabor de manzana y pera:
Soy un mago isleño, yo escucho leones rugir...
Amasando las húmedas nieblas con metálico fondo
Cruzo lagos de gritos infames, de mentiras del alto poder:
He dejado abajo los sabuesos y canes, hasta fieras amanecer
Con sus virus desde tinieblas, de memorias de Macondo...
Libre... Aunque unas horas, en este febril sentimiento,
Odiseo perdido en cumbres, de basura de miles pantallas
Reposando, observo derrumbes, de humanos sin Fe, ni agallas...
¡A mi Diós rogando demoras! Desde muy humilde asiento...

marzo 2020, Santiago de Chile - Buenos Aires

Permanezco febril y tranquilo...

(del álbum "Lírica del Siglo Sin Razón")

Permanezco febril y tranquilo:
Escucho
Latidos, en mis arterias...
Nacidos son en nocheros misterios,
En un reino - cartucho.
Que yo ni pesco, pues habito en mi asilo...
Sumergido estoy en un silencio
Absoluto
Suavizo tan solo delirios y memorias:
Erizos son, unas fantasmagorías
En neto, en trágico bruto.
Pensando estoy, los recuerdos míos potencio...
Lamen mis pies, besan mis manos -
Plegarias
Hieren el paladar, muerden los labios:
Cojos son al andar, ¡urgen los cambios!
Epistolarios
Letras que están al revés, de remordimientos en vano...
¡Urgen regresos, abrazos, perdones!
Arrodillados.
Virales promesas, e incumplimientos...
Urge el amor, que glorias pesa, filigrana momentos!
Tan humillados
Pero felices atrasos... Urge unión de dos corazones...

junio 2019, Santiago de Chile

Fantasy

Estrella fugaz que dos únicas vidas partió...

(del álbum "Lírica del Siglo Sin Luces")

Primero, vencer el miedo
Segundo, vencer preguntas
Sobre heridas, sobre las puntas
Que miden consecuencias del enredo.
Luego, dejar de romper
Cabeza, florero sin flores
Medidas sin dar, palabras sin pronunciamiento
Sabiendo que los primeros serán los últimos en celestial
regimiento, al parecer...
Tercero, marcar las reglas, verbales
En tablas de ajedrez, en reloj sin manillas
Para dejar callados cañones de las futuras batallas
Que siempre las ganas tú, contínuas o temporales...
Para poder conseguir las victorias
En guerras por lo fascinante de ser primero
Por ser vencedor del amor que era, tal vez, una estrella fugaz
Que dos únicas vidas partieron en dos diferentes historias...

mayo 2020, Punta del Este, Uruguay

Poema, histórico fantasy

Reflexiones: del gran escritor Fiodor Dostoevsky aquella mañana 22 de diciembre de 1849 cuando estaba condenado a ser fusilado, esperando la ejecución con el saco en la cabeza. En último minuto la sentencia fue abolida por el emperador Nicolás I Escribiré los libros que van a sacudir pilares.

(del álbum "Filosofía del Siglo Sin Luces")

El tiempo de egipcia espera... Gotas de sudor,
La boca llena, con piedad y odio, impermeable
Subir al podio? "Que sea tan amable"!
El saco cubre la cabeza - calavera. Con lana y amor..
¡Coraje, oh Fiodor! El plebeyo del país:
¡No has podido ser esclavo, rey de prosa!
Escucho, rifles cargan. Es olor de clavo, rosa
O es la mezcla: sangre con sudor, y vodka con anís...
Que bien esparce este capitán, un niño bravo:
Me va a mandar al cielo en minuto, mas, lo absolveré
Quien leerá mi prosa? aquel soldado bruto? Ya nunca lo sabré:
Perdóname mi Diós yo no tenía plan, yo sólo oro por cualquier esclavo...
Por los humildes, pobres, pero nunca por el Zar...
Me tiembla voz, el alma ya murió? ¡Qué mal tortura!
¡Matar a quien verdades escribió, perversa e ilógica locura!
Ya nadie va a saber en urbes, orbes que significa el juego de azar.
Me faltan escribir algunos temas, (las ideas ya carecen de sentido)
Fusilamiento es juzgado en este lindo día del invierno blanco:
Soy genio malvado? Quizás... Pero para lector atento yo soy franco

Escribiría yo en prosa mis poemas... Si Diós me dé el chance de haber nacido...
¡Escribiré los libros que van a sacudir, a destruir pilares!
Y abolir esclavitud, y entregar espíritu al campesino pobre...
Suena voz (¿del cielo?), en virtud, ordena el capitán que abren este sobre:
Es abrogada la sentencia... Oh, Dios, no voy a morir, sino pagar con libros a pecados terrenales...

junio 2020, Punta del Este, Uruguay

Fantasy histórico:

**Reflexión: una conversacion de dos enamorados,
en algún otro planeta, año 3001.**

(del álbum "Recuerdos del año 3000")

¿Recuerdas?, todavía hubo atardeceres.

¿Te acuerdas del otro verano? El último, de estarnos juntos,
Antes de erupcionar el suntuoso volcán,
antes de que la Tierra se cosa en puntas...
¿Te acuerdas como olía la noche? De vainilla y del zarino romero.
Yo todavía el sabor percibía y comprendía la palabra "antorcha",
el jardín, el vivero.
El Sol ya quemaba, antes de apagarse, en la soportable ternura
Comíamos porotos y habas, hasta cansarse.
¡Amándonos, hasta locura!
Recuerdas, todavía hubo atardeceres,
¡los pájaros iban al techo a dormir!
Al hijo leíamos fantasías, entre los quehaceres,
para la sed del conocimiento suplir.
¿Te acuerdas de que la gente decía te quiero? Se flirteaba, y se reía
Adentro surgió utopía de dioses de fiero.
Al alba yo vigilaba, con simpatía.
Hacíamos las caminatas, subiendo montañas,
pescábamos peces en ríos.
Rosario de abuela, puras ágatas de épocas aledañas.
¡Y tus deseos eran los míos!
Todo divino era, en ruborozantes colores,
en hojas sin polvo, sin ninguna torpeza...

No existían barreras entre amores y desamores,
la miel se hacía en colmo, se cocinaba sorpresa!
¡Era tan lejos y patas fuera, cuando nuestros cuerpos
y almas eran unidos!
En barro de Tierra antes de que muriera del cósmico herpes
y de nuestra partida.

agosto 2019, Santiago de Chile

Fantasy

La Era de Humanismo se ha acabado...
Los recuerdos... Me aparecen, me tocan nervios...

(del álbum "Poesía alegórica")

Los recuerdos...
Me aparecen, me tocan nervios y se esfuman...
No agradecen, ningún negocio, tabacos fuman...
Son sabuesos, a veces, feos cerdos...
Son solitarios...
Se precipitan, se van volando, después vuelven,
Me distorsionan y me irritan, a la mañana se disuelven...
Son tan extraños, los calendarios...
Los testimonios...
Se agonizan, se queman vivos, se hartan, se descuadrillan
Me ruborizan, falsificantes, de duras penas son traficantes
y me humillan...
Me juzgan rápido, inquisidores, de testimonios... son tan idóneos...
Los recuerdos...
Me cosquillaron, la mal pasada, juego sucio. y se fueron
Sobrepasaron, las vértebras de mi paciencia la evadieron...
No son honestos, son unos cerdos, mis recuerdos,
y a la vez... son caballeros...

diciembre 2018, Santiago de Chile

Cuando llueve fuera estoy indefenso...

(del álbum "Poesía lírica")

Cuando llueve fuera, yo estoy medio frágil, e indefenso...
Aullados escucho de los ritmos cadentes,
la ventana me regala un obscurante lienzo,
Donde los arroyos, de gotas gruesas, escurren a mi cántaro-alma
En una fusión vertical con una casi ascética, en un velorio, calma...
Estoy perdido en el ritmo-océano,
rodeado de millones de gotitas-tambores...
Mi techo es el vaso de astros,
dando palmitas a sonoras ramitas de flores...
Subiendo el ritmo, de súbito en baja intensa,
en un incansable concierto...
De las hileras-memorias de agua que caen
de afuera hasta el mío adentro...
La lluvia devora segundos,
convirtiéndolos en las picadas, mojadas flechitas...
Que el viento, un implacable bandido (!), pelea con las matas
frondosas, y las flores, marchitas...
Que a veces el Neptuno a los relámpagos manda desde sus
atmosféricas emboscadas:
Los truenos de Júpiter aquí acompañan
y hacen escorts a las brillantes espadas...
Y la duda me surge: ¿si mi submarino -
ventana podrá resistir a las tamboreas agüetas?
¿Si mi alma resiste la avalancha de las pensativas recordatorias,
veloces o lentas? ...

Escuchando aquellos escurros, yo tomo un té de hierbas...
Los aromas entregan a su gota-tristeza...
Ante la indefensa ventana del escritorio que ¡ojalá!
de este oceano salga salvada, ilesa...

julio 2018, Santiago de Chile

Yo te regalo...

(del álbum "Poesía lírica")

En medio del caos, ruidos, las explosiones, los tiros verbales,
ingratas bravadas...
Yo te regalo... silencio!
La música muda, de profundas, elocuentes y eternas miradas:
De guiños, de lágrimas tiernas, de ojos en la sonrisa, semi cerrados
Yo te regalo... mi humilde presencia!
En medio de reproches, gritadas, teléfonos rotos, huidas, escapes,
retornos inesperados...
Yo te regalo... entendimiento!
La paz meditada, tranquilos anocheceres,
un estanque con peces dorados:
Las tardes juntadas, las caminatas de otoño, semi cansadas:
Yo te regalo... mi amor del momento...

marzo 2019, Santiago de Chile

Tú volverás, si eso te gusta...

(del álbum "Poesía lírica")

Si te gusta...
La síntesis de la bondad y una ligera malicia,
La vida en buena diversidad, en paz con justicia
Tu volverás
Mi paloma, injusta...
Si te agrada...
Un voraz y atenúo combatiente, un soñador
Un malo y terco pariente, mas, un santo actor...
Tú volverás,
Mi paloma, mimada...
Si tú extrañas...
Una pura hermosa locura, de las mezclas nocheras
El rompimiento de muros, las velas de aromática cera
Ya tú verás,
El corazón no engaña...
Si eso te gusta...
Encontrar albas juntos, y medir los grandes errores,
Las heridas sin puntos, sin rosados colores
Tú volverás!
Si eso te gusta...

enero 2019, Santiago de Chile

Despedida en la playa de Guanabo...

(del álbum "Diario cubano")

La tarde en guayabera parda se está muriendo, agonizando...
En la marea de la brisa, en la hoguera de fotones...
La sal de tu beso, se va, amor, vaporizando...
Cristales en gotitas transparentes, y tu "adiós,
nos vemos" se espira, se desliza,
Lento, y cayendo en los cántaros marítimos,
En los crepúsculos- jarrones...
La media naranja del faeton solar, con su rubor huyendo...
Comiendo ovejitas de olas lobas, llevando
los susurros míos al horizonte, al altar...
Se descomponen pronto en caliente mar,
donde la boca tuya un un "adiós" sigue hirviendo...
La bruja noche ya enciende los faroles,
moviendo arenales finos con su clásica escoba...
Y atemora a las gaviotas grises que se huyen de la playa,
de este natural bazar...
El último abrazo ya pernocta, ya casi en el aire, y se va trazando
Caminos de espera milenaria,
que no prevé distancias entre los dos, medir...
El Sol, traidor, ya escapó en horizonte de tristeza loba, aullando...
Y yo tratando en memoria cansada mía a clavar
Tus gestas, tu figura, tu historia, ya legendaria
Para mi próxima venida a esta playa agarrosa, solitaria,
mi soledad con sal de compañera brisa, compartir...

octubre 2018, La Habana, Cuba - Santiago de Chile

Recuerdos: un amor entre la Palma y el Abedul... (Cuba, 1982)

(del álbum "Diario Cubano")

Infinito es el espacio del trópico reluciente...

Infinito es el espacio del trópico reluciente:
Lo habías dejado en mi alma-buzón...
La carta, ya olvidada del tiempo osado, tan impaciente,
Que trepa entre las rejas sinergicas del corazón...
Alabada está la noticia prometedora,
Que me quemó entre mis palmas al codicioso Sol...
Buscar un amanecer a mano con la húmeda aurora
Pretende en tu playa lejana un caracol...
Sabor a ron en tus labios, apartados y ensalados,
Ojos atentos al ego, siguen surcando el sapfiro del mar...
Los susurros que hablan, de unos reproches amargados,
Las oleadas se los sucumben, al atascar...
Del Guanabo viene tu sal y la aliviada, beata brisa,
Los nombres quedaron borrados en el crepúsculo rojizo azul...
Del pasado al hoy sólo saltó una vaga y cautiva sonrisa,
Del amor casual de una Palma con el nórdico Abedul...

marzo 2018, Guanabo-La Habana - Santiago de Chile

Pensando en volver a las aceras de La Habana...

(del álbum "Diario cubano")

Pensando en volver, en telarañas luminas caídas
De los atardeceres rápidos, olor del erizante cafetal...
Tabacos en rollitos húmedos en endurmiente derramal
De unas casas que descansan en el pasado perpetradas,
Cantando sol en la mañana y en la tarde absorbiendo sal
De una brisa estival, en enigmáticas venidas...
Uniendo la memoria con ruidoso torrencial
de gotas derramadas en cascadas...
Pensando en romper... Aquel silencio de años golondrinos
Que devoraron risas natas y abrazos de primer amor estudiantil...
Dejar de estorbar mis pies,
cansados en medir las horas del asilo juvenil...
Poder pisar aceras de La Habana de antaño...
Y deleitar el mismo son que toca nervios
en una bodeguita del amor febril...
Al esperar oferta de un lechón asado,
con unos rones ricos y divinos...
Saldar nostalgias, hablando con vecinos míos
con un acento medio extraño...

julio 2018, La Habana- Santiago de Chile

La era de Humanismo se ha acabado...

(del álbum "Poesía alegórica")

La era de Humanismo se ha acabado...
Una sentencia que parece cruel, pero es cierta...
Salió, se esfumó por una ventana abierta,
Adonde entró con los himnos el becerro de oro...
Venció El Dorado!
¡¿Levanten la mano quién está en completo desacuerdo?!
¿Quién todavía al prójimo ama más que a su lindo retrato?
Quién ha echado últimamente una moneda
al buzón de algún orfanato...
Quién se aferra con el corazón a un lado: derecho o sea izquierdo...
¿Levanten la mano quién piensa en Dios fuera los días domingos?
Adora la frase "te doy" a cambio de "tú algo me debes"...
Perdona errores de sus amigos, graves o leves,
Y quien aprendió por qué los mártires tienen
su emblemático nimbo...
¿Alguien pregunta por qué su redor se llena de animales?
¿Por qué a los perritos, gatitos cuidan hoy día mejor?
Y nadie atiende ni presta, por gratis, un grande,
desinteresado amor
A los seres humanos caídos en penas, o unas desgracias otoñales...
¿Levante la mano a quién gusta la moraleja? A ninguna persona...
El becerro de oro y sus pastores no nos permitirán reflexionar
El Humanismo - el regalo Divino - se entregó al inhumano altar
Donde la reina antigua - la Compasión - ya perdió su corona...

agosto 2018, Santiago de Chile

Reflexión: sobre el Universo

En la piscina del Club Estelar yo practico mi natación...

(del álbum "Poesía alegórica")

Nado en una piscina, con las lejanas, borrosas estrellas...
En un caldo ya enfriado de musicales constellaciones,
Los astros rojizos, gigantes, que dan chorros de plasma,
como los cachalotes...
En mi tabla de Einstein balanceo, soy un gato arcano, sin botes:
Los planetas enanos se enredan en florescientes pétalos,
en alucinaciones
Y las nebulosas galácticas forman las parras de uva, muy bellas...
La piscina está en mi casa, que suele llamarse el Universo...
Ya está llena de luces luciérnagas hasta remotos, tachados rincones
Las mareas produce, las tormentas en vasos, de paz guliverica...
La penumbre eterna que reina aquí aproxima
una tristeza numérica:
Se prohíbe el baño para los negros huecos, y solitarios corazones,
Se prohibe la natación contra vivas corrientes,
con las ideas adversas...
La piscina del Universo es sólo para adeptos, para los socios fieles,
Para los anhelantes de Vida, de Aire, de Agua Pura,
Para el Sol y la Luna las entradas estarán gratuitas en siglos (!)...
Es la casa nuestra, una morada humilde,
mas feliz y gozante, para muchos amigos...
Donde la mano del Creador es siempre tan tierna
y, orgánicamente, es dura
En este Club Estelar donde practico mi natación
entre aguas mansas y mieles...

diciembre 2018, Santiago de Chile

Reflexión: sobre el Tiempo-lobo

El Tiempo-Lobo me traga los años...

(del álbum "Poesía alegórica")

Las mandíbulas de un lobo
Yo presencio: nefastas y temerarias...
Me asusto y me jorobo,
Me atrapan mi Tiempo, las hojas del Calendario...
Me están devorando momentos
Felices, provocatórios,
Entre sus colmillos se pasan, lentos
Al estómago de la Historia...
Me mastican las horas, preciosas,
Regaladas y devueltas...
Que se mezclan con la sangre venosa:
Con las épocas incas o celtas...
Los segundos se glotan, agrias...
Son fugaces o son veloces!
Son romanos, eslavos, bárbaros,
Rudimentarios y precoces...
El Tiempo-Lobo me traga años
De estudios, de rutinas...
Del Confúcio son las cañas
Para poder el oro pescar en las tinas...
Las mandíbulas frías del lobo
Me arriman y me aprietan:
Me ocupan cerebro, todo,
Y mis súplicas árduas vetan...

enero 2019, Santiago de Chile

Reflexiones:

Genios y la Sociedad...

(del álbum "Poesía alegórica")

Te come, te devora,
Esta viscosa dualidad...
Esta bochornosa y lombriza ausencia...
Una parte tuya, una pora,
Viviendo en pura falsedad...
Y otra,
En divina transparencia...
Te exprime, te escupe
Esta santificada anomalía...
Una línea castista, apenas severa...
Labios de fatal y lúdica alegría,
Cuando se trata de la hoguera...
Te envuelven, te empañan,
Pequeñas formalidades...
De vertiginosas, auscultadas ideas...
Política de absolutistas falsedades,
Las guerras, promiscuidad en diarreas...
Te vas, te escapas,
Del moderno telescopio...
Pretendes libre ser, en claras opiniones...
Inventas cifras, lenguaje propio,
Y matemáticas de conclusiones...
De nada sirve
Tu lucha vera, lícita...
En formación de gredas, aptitudes...

La sociedad es fotogénica y bien explícita:
Ignora genios y sus virtudes...

noviembre 2018, Santiago de Chile

Una carta (imaginada) de Petrarca a Beatrice.

(del álbum "Letras del tiempo de la Peste")

Forzando los esclavos y macabros hábitos,
Tú debes resistir, es tu tarea, mi cara Beatrice!
Alrededor están agujas, pinzas, ¡hasta bisturíes!
De brujas que hechizan con los carbunculos y linsas de rubíes:
Las riñas de este mundo suburbano, su boliche,
El mal en almas animando, los vicios y los piropos ávidos!
Cada momento que puedes, huye, ¡mi paloma bella!
Del círculo de satires chismosos sin mínimo de honra,
De presunción de los sicarios que visten diamantes,
De los coleccionistas de denarios, bursátiles estudiantes,
Del caballero rico, más sin vínculo, que a tu sangre cobra:
Infierno soportar de cuatro mil paredes? ¡No es tu vía, mi doncella!
No es tu vía de estar allá en lodo, en fango de la episódica rutina
Y ofrecer tu corazón y tu belleza por puño de ducados?
¡Sería una honda decepción, una blasfemia a tu rica hermosura!
Así que, huye, ¡mi amor! Es pura ilusión que una dicha
hay que cien añitos dura:
Sabemos que tan sólo Dios tiene grandeza entre nuestros débiles
sentidos que están varados,
Y el jorobado fiel, el Cuasimodo, que te entregará
amor sin juros, ni propina.
No te prometo yo felicidad, pues, este mundo
ya es una cárcel verdadera.
¡Los reyes de aquí han enfermado,
sus súbditos violan las divinas leyes!
También yo pertenezco a esta tribu de mortales.
¡Pero te juro, te confieso!

Que alma mía todavía conservó la fe en los modales, pareja del
espíritu que es aún ileso:
En estos versos te ofrece mi respeto y agrado,
con esperanzas que los leas (!)
Dejando para ti la libertad de contestar
o no al gil enamorado que sufre en espera...

junio 2020, Punta del Este, Uruguay

Luna: desliza, lenta, por la estelar espuma...

(del álbum "Lírica de las Líricas")

La Luna, una víctima sacrificada
A entregar su luz opaca y blanquiza,
A abrogar su adicción tan dulce y.... sumisa
A ley de este Cielo, santificada.
Desliza, lenta, por la estelar espuma
De astros que en la sagrada tina nadan...
De hermanastros, asteroides que vagabundean, vadan
Por la cascada de estrellas que a mi loar abruma...
Que lleva, que arrastra llaves mias
De esta noche formidable que se despoja a mi apertura
A un sin preceder amable que en la Eternidad fluctúa y perdura
Con tu presencia secreta en mis nocturnas vías...

junio 2020, Punta del Este, Uruguay

Cuando vuelva, la lluvia transparente...

(del álbum " Lírica de las Líricas ")

Cuando vuelva, la lluvia transparente
Destruirá silencio, devorará espacio!
Cuando vuelva, atravesando nubes, lentamente
Los dos paraguas construirán palacio
En este parque de memorias, nuevamente...
Cuando regrese, cayendo cataratas,
Creando arcoiris, coronas de promesas...
Cuando regrese, entre las gotas de agata
De esmeraldas o de perlas, de las lloviznas alcaldesas:
Del Sol que pone la nebulosa bata...
Cuando nos veamos, se llenarán los charcos:
Pequeños lagos con las lágrimas del Cielo
Adonde zarparán nuestros velerosos barcos
Al afrontar inviernos con su nieve, frío, hielo
Poner los puntos y aparte, a los dorados marcos...
Cuando vuelva, cesará la lluvia, incierta,
Se sellarán abrazos en la contratación divina!
Los olmos en el parque, y la historia que vive en alerta
Defenderán al Sol poniente, en su color de mandarina
Y velarán nuestra unión, con su nueva página, abierta...

febrero 2019, Santiago de Chile

Pinto las lunas, en vidrios de tu ventana...

(del álbum "La lírica del moderno Medioevo")

¡Pinto las lunas, en vidrios de tu ventana!
Quiero que notes, que plasmes mi existencia...
Mi aliento, mi amor sintieras, aprecies mi paciencia:
Pinto las lunas, en vidrios de tu ventana...
¡Toco conciertos, debajo de férreas rejas!
Quiero que sepas, que palpites sueños, latidos,
De las cuerdas de mi corazón, traicionado, dolido:
Toco conciertos, ¡debajo de férreas rejas!
Escribo poemas, a ti, mi bella, ¡mi Dama!
Te los dedico, luego los tacho, los recompongo, los borro,
Te sufro, desde adentro, mas afuera yo te siempre adoro.
Escribo poemas, a ti, mi bella, ¡mi Dama!
Te rezo perdones, anhelo las treguas, ¡paces!
Suscribo tratados, subrayo y firmo los veredictos...
Y sigo caminos sufridos, de los franciscanos y benedictos...
Te rezo perdones, anhelo las treguas, paces!
Preservo paciencias, aguardo, ataje mis esperanzas
Que abras estas ventanas, que tu prisión abandones...
Para volvernos pintando las lunas, sin reproches, ni apagones...
Preservo paciencias, aguardo, ataje las esperanzas!

diciembre 2018, Santiago de Chile

Queremos tanto salir, volar, escapar...

(del álbum "Diario chileno")

Queremos tanto salir, volar, escapar...
Momentáneamente...
De nuestra comfortable, transparente y cómoda jaula...
Es dorada... Y está en nuestra mente,
En la nube interna adonde no podemos entrar:
A esta cátedra de ciencias de amor, una santa y hechizada aula...
Tantas ganas tenemos de romper las contrarias circumstancias,
Desafortunadas...
Que nos ligan a esta prisión, tal vez voluntaria...
Los suspiros, de tiempo vivido, dulces miradas...
Vinos tintos, casi vinagres, las corporales ansias,
Las montañas sureñas canosas, perennes araucarias...
Todas liras felices tapan el tiempo real, sus lúpulos
Por los dos, ya sobrevividos...
De esta regata de dos carabelas jóvenes y veloces...
Que al final naufragaron, y quedaron de alma heridos...
Enclaustrados fueron a las doradas jaulas-cúpulas
Pasando por separado allí los inviernos fríos y toses...
La huida, la escapada, mi amor, por ahora se ve imposible...
Desafortunadamente ...
Entre dos carabelas inaptes estarán los tristes y desastrozos mares...
Es todo imaginario, existe quizás,
en la locura de alguna trágica mente,
Donde los pájaros prisioneros pasan por un sufrimiento terrible
Por no poder traspasar cerraduras de aire,
tan primitivas y por eso..banales...

septiembre 2018, Santiago de Chile

Reflexión: sobre el insomnio que lucha conmigo.

Lucho, en mis sueños...

(del álbum "Lírica del pesimismo")

Lucho, en mis sueños:
Y alguien que está allí adentro
Lucha conmigo...
Tendrá un medidor, una pesa, un balance?
Mi conducta diaria va a valorar, hasta el último chance...
¡¿Es mi amigo!?
No lo sé: entre mis vicios está, en el centro
Y juzga los hechos, errores y desempeños...
Sueño a veces, en mis raras tranquilas noches
De superar la desdicha. y más pronto
A Tácito o a Plato volver a leer,
O algunas sagas de las hazañas escandinavas...
Mas, el que lucha conmigo no ama los libros, prefiere pijamas:
Ni hoy, ¡ni futuro puede prever!
Sólo hace su grueso balance: antiguo y moderno, lo sabio y lo tonto,
Creando nuevos insomnios. Sin quejas, sin meros reproches...

enero 2019, Santiago de Chile

Reflexión: la despedida triste en un parque otoñal...

Se alcanza a respirar y asimilar, a está sinfonía de raros ruidos,
De las aspas acuáticas, de molinos ventosos casi grotescos:
Las nubes, de ejes estáticos, de paisajes burlescos
No alcanzan a sembrar los colores de heno en los sonidos...
El parque puntiagudo, de arboledas que dan mucha pena
Nos despide sin los pies a mojar, cerrando sus paraguas frondosos...
Las jorobas celestes van a dejar estas tormentas famosas:
Tristezas atan sus bucólicos nudos, en las gargantas ajenas...
Es una despedida curiosa, una trágica insensatez...
¡Como si no hubiera existido el pasado de tos pluvial!
Como si otras riñas no hayan dolido y las arboledas no tuvieran final
De una pareja unida, sincera, hermosa. Y tan desgraciada, a su vez...
Las espirales de lluvia no sustituyen abrazos terneros,
El cielo llora del gusto frío al presenciar la ruptura predisponible...
El parque se llena de puro vacío, de hielo de frases, incompatibles
Con la hojarasca de tela rubia y con los faroles futuros, ya forasteros...

abril 2019, Santiago de Chile

El alma mía en búsqueda de un Paraíso ...

(del álbum "Lírica triste del Siglo Sin Razón")

Las almas, que en los callejones de ciudades de concreto
y del sabor artificial
Aclaman un alivio, y no a una plena libertad..
Tratando perlas conservar, intactas para
un bouquet de las maldades,
En el océano de la indiferencia y de ausencia verbal,
En pleno festival de un delirio, y no de la bondad..

Las almas que lograron el hermoso noble objetivo
de ser leales a la simplicidad de un perdón,
En una jaula rectangular, tremendamente fría..
Se diferencian, y mucho, del biomaterial activo
Que desató establecer en ellas el Siglo Sin Razón
Y que encarceló también al alma mía..

Mi alma, palomita blanca que de la barca de Noé huía,
Salía, tan desesperada, a buscar la tierra lista
Donde podríamos nosotros, los perdidos prisioneros, asentar..
Y todavía no volvió por más que pretendía...
Y con tristeza debo constatar: capaz que no exista
El Paraíso donde palomitas vengan a sus penas trasnochar..

Mayo de 2018, Santiago de Chile

Reflexión : fragmentos de viejas historias.

Las cavas eróticas de un pasado...

(del álbum "Poesia lírica del Siglo Sin Razón")

Las cavas eróticas
De un pasado, -
Fragancias semióticas
Del zumo helado...

Los humos ascéticos,
Café de mañanas:
Tus ojos, poéticos
Maneras villanas...

Los versos ilustres, -
Amores exóticos...
Zapatos que lustren
Puertas y pórticos...

Las manos en busca
¡De la inocencia!
La danza etrusca:
Fulgor, impaciencia...

Los besos humectan
Hurtados momentos,
Pasillos erectan
La piel, en segmentos...

Los labios quejan
Palabras al horno...
Cansadas abejas,
Fracaso en porno...

Las tazas ya rotas,
Dolor en espejos:
Memorias, fotos
Despiden de lejos...

Tan solo historia
De otros cuentos...
¿Fallida memoria?
Pregunto al viento...

mayo de 2019, Santiago de Chile

Busco al Ser Humano (desde el siglo V A. D.)

(del álbum "Filosofía del Pesimismo")

Busco al ser humano
En la vidriera, en plástico de pantallas
En valles, en sierras, entre las mallas:
Soy Abel que busca a su hermano...

Comparecencias busco
Formas de cráneo, en sangre de pobre herencia:
Diálogo, espontáneo, pecado de apariencia,
En alba y el pronto atardecer ofusco...

Preguntas, sentencias, conclusiones,
Robots de sonido, de verso a mi tarea corrompen
Y en la duda me encuentro inmerso, los datos mi alma rompen:
Que seres humanos, sus ciencias, son sólo productos de las ilusiones...

Son de aquel sagrado barril, donde Diogeno se esconde
Buscando feliz respuesta y encontrando hiel y espinas:
¿Quién me compone la encuesta? ¿Quién mece divinas harinas?
Apago farol y prendo candil y busco... a quién me responde...

Mayo de 2020, Punta del Este, Uruguay

Cántico urbano: una locura en buscarte...

En el tumulto de los corazones...

(del álbum "Poesía del Siglo Sin Luces")

En el tumulto de los corazones
De carnes vestidas, de huesos cubiertos,
De los alientos, mezclados con humos...

Te busco... Talentos, y otros insumos
De páncreas atrevidas, riñones inciertos...
Tu cuerpo esculto, en ojazos burlones...

En aceras traidoras de ciudad pelegrina,
Camuflados honores de hipócritas señas
De amor a las piedras, de infladas esperas...

Te persigo en hiedras, de túneles, de esferas
Preservados valores de planetas pequeños
¡Al abrir las mazmorras y hallarte, zarina!

La ciudad ruge vientos, entre vagos puentes
Te esconde en plazas, entre gordas palomas
En frontal labirinto del museo en aire...

En los cuadros te pinto, te ofrezco un baile:
Yo aullo en cazas, amanezco aromas,
Presintiendo alientos, y miradas de gente...

Y no logro tenerte, en los codos de trenes
En ruido abrupto, del tumulto humano,
Entre caras curiosas, entre gritos de ciencia:

¡Propagandas babosas, que devoran paciencia!
Me empujan al luto, al ateo urbano
Que propone quererte con pulsar de los sienes...

mayo de 2019, Santiago de Chile

Reflexión. qué es el azar?

El azar, el dueño de naipes reales...

(del álbum "Poesía del Siglo Sin Razón")

El azar, el dueño de naipes reales,
De suertes, en conchas, a descubrir...
En vidrieras de entroncados casinos

Se olvida de quijotescos molinos:
Bonanzas no viene a repartir...
Y no aparece en humildes umbrales...

Es un genio místico, no porta sombreros
No es conocido por su apariencia, -
Visitas relámpagos, es su estilo.

Los títeres somos, es débil el hilo
Por donde engancha tu existencia,
Con una sonrisa de los bucaneros...

Evita consultas a los apurados
Tampoco molesta a los testarudos
No es ni juez, ni árbitro justo

Su mantra no toca a gente ilustre
De flechas de Zeus no ofrece escudos
Y no consuela a intentos frustrados...

mayo de 2019, Santiago de Chile

"El arte es, ante todo, el estado del alma", Marc Chagall

Reflexiones: sobre la estética de la cuarentena...

(del álbum "Las fábulas del Siglo Sin Luces")

Las notas, vuelan y caen del cielo
En gordas gotas, al libro de los abuelos...

Mi piel humedecen,, al chillo sonido de los violines
En dedos florecen, en chocolates, en regalados pralines...

En el temblor... De sentimientos del topo
Del ogro ciego, furor, en fábula de primogénito, de Esopo...

Música de vejez... Sabiduría o fusilamiento?
Gafas, oscura tez, el jazz de Mozart, en un momento

Locura hermosa, acrílicos calcetines, bigotes pardos:
La vida sería sabrosa, si al vacío caen los proféticos dardos...

Si no los percibes... Olor de verbena o de sudor tan querido
Si en la Luna vives, en un asteroide, un perdido bólido, ya abducido...

Y sientes las notas... La música es una jalea de los lejanos orgasmos,
Los garabatos, las palabrotas, los látigos y los espasmos...

La guillotina de la conciencia... Celebraciones de perdedores,
Conciertos de benevolencia, para pandemia de eróticos escritores

Que crean sumarios, volviendo a fila, de celdas de ética
Prefiero los peces, acuarios, a una esclavitud con estética...

Saliendo a mi balcón... Respiro, y cargo mi tardada pistola, poética
No soy una rana, tampoco halcón... Sólo odio la mentira, e ira, patética...

mayo 2020, Punta del Este, Uruguay

Espero palomas...

(del álbum "Lírica de líricas")

Espero palomas
¡Que traigan tus cartas!
En sus patitas, en alas:

Con lilas y calas,
Rellenas y hartas
En tuyas aromas...

Que traigan tus besos:
Carnosos, calientes,
Sin límites de fantasía...

Un tierno amor y melancolía,
Y las promesas, pendientes
De tu atrasado regreso...

mayo 2020, Budapest - Punta del Este, Uruguay

Y resecar la lágrima caída

(del álbum "Poesía lírica del Siglo Sin Luces")

El Tiempo, falso ermitaño, se nos ha parado...
La lucecita del implacable Sol se tropezó
En una lágrima en tu mejilla, bronceada, tierna...

¿Un metro, una milla? Los ojos de la cierna
En la manilla el reloj sus gérmenes pasó
Para sembrar la paz interior que ha varado

Entre carreras por dificultades, que es nuestra vida,
Filmada por ajenos directores, por un guion secreto,
Sin repetir el escenario y sortear, cambiar estúpido elenco trivial...

Paremos (¡por segundo!) al viejo calendario, tristeza otoñal!
¡Al recordar momentos de amores, será un dulce reto!
Unir pasado, dividido en mitades, y resecar la lágrima caída...

mayo 2020, Punta del Este, Uruguay

Fantasy

Si mi corazón se convierta en una mágica isla desierta..

(del álbum "Poesía alegórica del Siglo Sin Luces")

Si mi corazón se convierta en una mágica isla desierta:
Allí guardaría yo mi tesoro, en una escondida, inaccesible gruta..
Las páginas de libros de oro, y una viruta
Que dirigiera la misma razón de no ser descubierta..

Verás, no pondré obeliscos en la salvaje entrada!
Orgullos, amores perdidos no van a ocupar su estrecho espacio...
Ni templos habrá, ya demolidos por Ateneo, por presumido Lacio
Por los actores que portan hibiscos y no cosechan cebada..

Va a estar encerrada la auténtica obra por desmentir las locuras
Del reino de los desengaños, que comernos hoy día pretende
Y que demuela escasos escaños de la escalera que el Cielo atiende
La gruta será defendida por cobra, serpiente de las hermosuras..

Allá yacerán verdaderos verbales, en lechos de virtual paraíso,
Entre sumarios de traición y olvido,
entre vedados poetas y escritores..
Al esperar un justo juzgado, desaprobado
en ésta pandemia de desamores
Tan lejos de semióticas actuales,
sin el convite real ni el alto permiso..

mayo 2020, Punta del Este, Uruguay

Volar en los sueños, en pareja...

(del álbum "Poesía Lírica del Siglo Sin Luces")

Volar en los sueños
En pareja
es esparcir felicidad (!)
Balanceando, como un hermoso dirigible,
sobre el enigma del futuro...
Infinito,
Espacial

Con fines exquisitos:
Al observar las tejas...
Y esforzar milenios
A reducir fenomenal inmensidad,
Almacenando una dicha imposible en alas de amor seguro
En ese único y regalado minutito...
De beso celestial...

enero 2021, Budapest, Hungría

Nos quedamos mutuamente en tiempos perdidos...

(del álbum "Poesía Lírica del Siglo Sin Luces")

Nos quedamos, mutuamente en tiempos perdidos
Los dos, en un pequeño, muy estrecho barquito
En los Océanos de tropicales memorias: como dos recuerdos,
sin auténticos nombres

Longevas y presumidas se reparten las glorias (una naranja,
entre mujeres y hombres)
Una hoz, con dos ángulos del feliz infinito,
Con los consejos de Nostradamus cabalmente cumplidos...

Abducidos, abandonados en éter de ordinarias causas
Somos almas del mismo cuerpo astral
Entre héroes, dioses y animales preexistimos: la Odisea rarísima (!)

La abundancia de noticias nos compartimos:
entre buena hasta la mala, malísima:
Intercambiamos de albas, de la austral a la boreal
Con liricas traducidas en raras y hasta patéticas pausas

En la corriente errante, que lleva nuestro descompuesto barquito
Más lejos de tierra natal, más cerca de un peñón de exilio:
Donde los faros lejanos predican la lógica de un largo camino

Al Paraíso: de un eterno verano donde parrales entregan el vino
Una novela ya es escrita: feliz, ideal, con pizca de un delirio:
Donde un Ángel nos hallará, naufragantes,
a la orilla de un clásico mito...

enero 2021, Budapest, Hungría

Fantasy

Ojos de esmeralda: ¿¿qué es??

(del álbum "Poesía alegórica del Siglo Sin Luces")

¡Te recuerdo, ojos de esmeralda!
Espacio donde se pierden las mágicas dagas,
Carbón de las noches, excéntricas, magas
Yo oro muerdo, mientras mi sangre se calda...

Fogón de las chispas enciende mirada tuya
Verde y olivo es su arcoíris de cálido frio:
Yo toco cansadas pestañas y caigo al sueño vacío
Al colmo de avispas, que mi arduo amor barulla...

No creo ya en símbolos, en horóscopos feos, gitanos
Ofrecen mucho hachas y líos y solo poquísima esperanza
Me dicen: ¡la piedra de esmeralda es tu mejor alianza!
Guitarras me tocan y címbalos, anónimos dúos arcanos...

Mas, no conocen el precio, la paradoja de esta vital proeza, -
De esa mujer que es una lince, una leonesa
Que guarda taciturna, colmillos, y no permite ni llanto, ni risa
Te mata con su desprecio, de pies hasta la cabeza...

Defienden su hermosura, dos polos de sus poderes
Dos ojos que alumbran horóscopos y védicos signos
¿Dan esperanzas de unos amores bien fidedignos?
O dejan visibles fisuras con daga del puro capricho de viciosas mujeres...

mayo 2020, Punta del Este, Uruguay

Tu único Ser que penetra en mí...

(del álbum "Lírica del Siglo Sin Razón")

Tu único Ser que penetra en mí
Como carrete de vino en el paladar,
Como una espiga de lino para podar
El placer que me das, que te dí...

Tu existencia rige, me desconcentra
Como cadencia chopiniana, crepuscular...
Guía nocturna moviendo persiana auricular
Que marca presencia, cuando apenas se entra,

Se queda, bajo mis vetas de piel:
En péndulos de pulsera, notas serenas presidia,
Flores e hierbas de una pradera, que le envidia
A una vereda, a un beso que es ávido, fiel...

Penetra al corazón, se adueña
De los receptores de la resistencia, defensas activas...
De magros tiempos es una herencia, las venenosas salivas
Que me limita toda razón y al mundo nuevo diseña...

mayo 2020, Punta del Este, Uruguay

Yo de nuevo sería bohemio...

(del álbum "La Lírica del pesimismo del Siglo Sin Luces")

Revive estricta formalidad
El Cielo que aún siente joven, bohemio
En esta pausa... ¿Cuándo aquellos desechos escoben,
habría un premio?
En una cobija de renovada verdad...

O revendrían los vicios - años
De amargo amor por convenio, por varados caprichos:
Yo de nuevo sería bohemio, buscando proféticos nichos
En olvidados juicios, de tiempos antaños...

mayo 2020, Punta del Este, Uruguay

Reflexiones: aquellas noches de playa...

(del álbum "Diario cubano")

Es fácil arruinar
Matar, liquidar aquellas finas pelusas,
Aromas sutiles del bar, las noches confusas
Volver a vivir... O ayunar...

Imágenes, palmas y sombras
Entorpecer, prohibir remordimientos
El narcisismo en impedir los susurros, alientos,
Los pulsos sanguíneos, como bombas...

Es criminal olvidar:
Cabaña, precaria cama, palabras de fiebre
La brisa, tan calurosa, infama, los sustos de liebre,
El arte tuyo, mi Catalina, de dar...

Sin pesquisar, entender
Al corazón, abducido, llevado por mero orgullo
Un novio ser, casi marido, dueño o un esclavo bien tuyo
Solo de noche... hasta las velas a Luna prender...

mayo 2020, Guanabo, Cuba - Punta del Este, Uruguay

Reflexiones: sobre ya inalcanzable pasado...

Construyo planes ricos, irreales...

(del álbum "Diario cubano")

Perfeccionando una sana soledad
Construyo planes, ricos, irreales:
Aumentando desengaño, neta ansiedad,
Matando leyes sólidas y ancestrales...

Destruyo la carcasa de mi barco
Talando mástiles, rompiendo velas
Convierto mares libres en un charco
Color del Cielo cambio por acuarelas...

Siguiendo pánico en crestas olas
Seleccionando las metódicas de humo
Olvido rosas blancas, prefiero amapolas
Cuadrado de Malevich a mi tablero sumo...

Restando cifras lógicas, redondas
Persigo a crear detrás de mis desiertos
Hundiendo las conciencias en hondas
De Radio Reloj que marca pulsos ciertos...

Volviendo a la isla, el punto de partida
De noches estelares en el sinfín de playa
A la cabaña rústica de grata juventud perdida
Que ya se escapó de vista, de mi alta atalaya...

mayo 2020, La Habana. - Punta del Este, Uruguay

¿Te pregunto si eres feliz?

(del álbum "Pesimismo romántico del Siglo Sin Luces")

¿Te pregunto si eres feliz?
Después de andar por pinares, por las noches aéreas...
Olvidar de odiosos modales, sus patéticas férreas
¡¡Un cigarro al beso adjunto... ¡¡Ay, qué fea matiz!!

¿De tomarlo en serio, aún me extrañas?
Al quemar las carpetas dañadas, el pasado en un tenebroso futuro...
Te pregunto, entre tus pestañadas, ¿si haya amor más seguro?
Y me encierro en cautiverio, y te devuelvo vividas hazañas...

Al tirarme al aire, y flotando en paracaídas:
Entre el ardor tropical y tu pragmatismo norteño
Yo no quiero pensar en final: soy un niño algo pequeño
Que haría las cosas pasando, sin prever ruinosas salidas...

abril 2020, Barcelona - Punta del Este, Uruguay

Fantasy

¿Qué es lo que es un verdadero beso?

(del álbum "Fantasías del Siglo Sin Luces")

El beso à Sirena, a Medusa... Una Impresión
De hongo nuclear, adentro, en abismo
Aúlla cruda explosión, volcán de perceptores ..

Saliva, lava, unión de pesas y balances en vectores
Para al margen bordear, olfatear esoterismo:
Es como venerar la Musa... ¡Esa es pasión!...

De labios perdiendo raras formas
En la sequía del abuso, de corta posesión, fructosa
De un rocío, gotas, perlas que esconden en el fondo...

La pérdida del aire en anhelos, de un amor profundo, hondo
Que almas abrió y se expuso en un florero con mimosas
De cambios, en receptores de aromas...

De pelo, ondulado girasol, erizo
De la corriente en encías que imita la eternidad
En la galvánica de gestos, los abrazos sin fuerza

Y toda una vida en contar los restos, de la experiencia, proeza
Los siglos en la miel de melodías, hasta la feliz edad
Cuando deleitas el calor del Sol y su tenaz hechizo...

abril 2020, Punta del Este, Uruguay

Reflexión - fantasía:

Necesito poner en papel mis soñadas vivencias..

(del álbum "Sueños del Siglo Sin Luces")

Es difícil dormir entre dos hipopótamos:
En sueños de África, en las mansas del Nilo...
Incrustar la memoria en alturas celestes
Donde crecen magnolias, en jardines agrestes...
En archivos del hilo elástico y de reyes-bibliófilos,
Los que guardan sinopsis en sus méritos sótanos...

No es fácil andar en la berma de la catarata
Viendo aguas caer al pasado de mil y una noches,
Asediar citadelas y cruzar los desiertos camellos
De caer con paracaídas, con el viento en atropello,
Admirar hermosuras de Iguazú y un otoñal Bariloche,
Desterrando memorias vagas, de hazaña innata...

Fantasías renacen en sueños de un color bifurcado
Donde corren hormigas en la pampa de las amapolas
Yo reúno memorias en las páginas ásperas, solas
Entre los continentes, en humor cerebral del pasado...

Es difícil luchar con sueños que crean sentencias,
Que resurgen del nada y caminan entre frías montañas:
Con la pluma y rima, entre dichas y las migrañas
Necesito poner en papel mis soñadas vivencias...

abril 2019, Santiago de Chile

Rey Salomón y Reina de Saba

(del álbum "Lírica de líricas")

Te adoraba,
¡Mi reina de Saba!
Los ojos rubís que me entregabas
En noches sinfines de toques de seda

Con piel, con el sándalo... Con jarros de greda
Que su amor caliente untaba:
El lecho-palacio sirviónos de caba,
Donde te adoraba...

abril 2020, Punta del Este, Uruguay

Reflexión: la despedida triste en un parque otoñal...

Se alcanza a respirar y asimilar, a está sinfonía de raros ruidos,
De las aspas acuáticas, de molinos ventosos casi grotescos:
Las nubes, de ejes estáticos, de paisajes burlescos
No alcanzan a sembrar los colores de heno en los sonidos...

El parque puntiagudo, de arboledas que dan mucha pena
Nos despide sin los pies a mojar, cerrando sus paraguas frondosos...
Las jorobas celestes van a dejar estas tormentas famosas:
Tristezas atan sus bucólicos nudos, en las gargantas ajenas...

Es una despedida curiosa, una trágica insensatez...
¡Como si no hubiera existido el pasado de tos pluvial!
Como si otras riñas no hayan dolido
y las arboledas no tuvieran final
De una pareja unida, sincera, hermosa...
Y tan desgraciada, a su vez...

Las espirales de lluvia no sustituyen abrazos terneros,
El cielo llora del gusto frío al presenciar la ruptura predisponible...
El parque se llena de puro vacío, de hielo de frases, incompatibles
Con la hojarasca de tela rubia y con los faroles futuros,
ya forasteros...

abril 2019, Santiago de Chile

Reflexión: la escapada de dos amores...

No me robes pelusas...

(del álbum "Lírica del Siglo Sin Razón")

Quédate en la sombra,
¡No me robes pelusas!
De memorias mías, en amalgama...
Carreteras vacías, arcoíris en gamas,
De colores confusos
Que la vida nos cobra...

¡Húyete de mis manos!
Sin menores costumbres...
Las hazañas de noches, peregrinadas...
No pudimos vencer vergüenzas heladas,
El dolor de lasciva incertidumbre,
Pensamientos pesados, insanos...

¡Deja todo en tus dobles sentidos!
Sin volcar, sin tirar almohadas...
Ni orar a los dioses por compasiones...
Las pelusas ahogan, sin debidos perdones,
Carreteras observan las escapadas
De perdidos amores, de sueños huidos...

abril 2019, Santiago de Chile

Tu rechazo...

(del álbum "Lírica del Siglo Sin Luces")

Tu rechazo me soborna,
.. Y me adquiere...
Tu tristeza y tu honra
mis sentidos hieren...
Tu huida, ¡mi amor fatal!,
me entristece...
Del comienzo busco el final
Que se merece...

Mi estoica, original conducta
¡Ya no te desespera!
Tu sentencia es veloz, abrupta:
¡Romperá esferas!
Tu rechazo me corrompe,
Mi razón divide, -
Volvería la piedad al pobre hombre
¿Quién la anhela, pide?

abril 2019, Santiago de Chile

Queridos lectores,

Al llegar al final de este viaje poético, quiero tomar un momento para expresar mi más profunda gratitud a cada uno de ustedes. Gracias por abrir las páginas de este libro y permitirme entrar en sus corazones y pensamientos.

Cada poema aquí escrito cobra vida en el momento en que es leído, sentido y reflexionado por ustedes. Sin su mirada atenta, sin su sensibilidad y su tiempo, estas palabras no serían más que tinta sobre papel. Ustedes, los lectores, son el alma de esta obra, los que le dan sentido y propósito.

Espero sinceramente que "Dejemos las sabias cosas como están…" haya tocado alguna fibra de su ser, que haya provocado una sonrisa, un pensamiento o una emoción que los acompañe más allá de estas páginas.

Gracias por su compañía en este viaje de palabras, por su apertura y por valorar lo que nace del alma. Este libro es para ustedes, con toda mi gratitud y admiración.

Con cariño y respeto,
Valery Zadko

Dejemos Las Sabias Cosas Como Están
Diseño de portada: Vicente Zadko
@ Lava Shop LLC.

Made in the USA
Columbia, SC
28 February 2025

e0162999-4689-4493-8b49-4f84e6aedd7fR01